REIN UND UNREIN

Übungsbuch für Anfänger

Rein und Unrein Übungsbuch für Anfänger

Alle Rechte vorbehalten. Durch den Kauf dieses Übungsbuchs darf der Käufer die Übungsblätter nur für den persönlichen Gebrauch und den Unterricht, jedoch nicht für den kommerziellen Weiterverkauf kopieren. Mit Ausnahme der oben genannten Bestimmungen darf dieses Übungsbuch ohne schriftliche Genehmigung des Herausgebers weder ganz noch teilweise in irgendeiner Weise reproduziert werden.

Bible Pathway Adventures® ist eine Marke von BPA Publishing Ltd.

ISBN: 978-1-98-858572-7

Autor: Pip Reid
Kreativdirektor: Curtis Reid
Lektorat: Marco und Sonja Röder

Für kostenlose Bibelmaterialien und Lehrerpakete mit Malvorlagen, Arbeitsblättern, Quizfragen und mehr besuchen Sie unsere Website unter:

shop.biblepathwayadventures.com

 # Einführung für Eltern

Viel Spaß beim Bibelunterricht mit ihren Kindern mit unserem praktischen Übungsbuch: *Rein und Unrein Übungsbuch für Anfänger*. Vollgepackt mit Malvorlagen und Lernkarten, die Ihnen helfen, Ihren Kindern den biblischen Glauben zu vermitteln. Dieses Mal- und Übungsbuch soll Eltern und Pädagogen dabei unterstützen, Kindern auf lustige und kreative Weise Jüngerschaft und Bibelwissen nahezubringen. Das perfekte Arbeitsmaterial für den Unterricht zu Hause, für Sabbat - und Kindergottesdienstmitarbeiter, sowie für Eltern.

Bible Pathway Adventures unterstützt, durch unsere illustrierten Geschichten, Pädagogen und Eltern dabei, Kindern den biblischen Glauben auf unterhaltsame, kreative Weise zu vermitteln. Lehrerpakete, Übungsbücher und Druckvorlagen sind als Download auf unserer Website www.biblepathwayadventures.com verfügbar.

Vielen Dank, dass Sie dieses Übungsheft gekauft und unseren Dienst unterstützt haben. Jedes gekaufte Buch hilft uns dabei, Familien und Missionsarbeit auf der ganzen Welt mit kostenlosen Materialien zu versorgen.

Die Suche nach der Wahrheit macht mehr Spaß als Traditionen!

Inhaltsverzeichnis

Einführung 3
Dieses Buch gehört 6
Mein Lieblingstier 7
Liste der reinen und unreinen Tiere und Vögel 8

Malvorlagen:

1. Kuh 10
2. Schaf 11
3. Heuschrecke 12
4. Hirsch 13
5. Ziege 14
6. Fisch 15
7. Elch 16
8. Huhn 17
9. Büffel 18
10. Truthahn 19
11. Antilope 20
12. Giraffe 21
13. Ente 22
14. Pfau 23
15. Esel 24
16. Schwein 25
17. Löwe 26
18. Wurm 27
19. Kamel 28

20. Frosch..29
21. Nilpferd 30
22. Schlange 31
23. Hund 32
24. Affe..33
25. Kaninchen 34
26. Krabbe 35
27. Garnele..36
28. Elefant 37

Lernkarten:
Set 1: Kuh, Schaf, Heuschrecke, Hirsch 39
Set 2: Ziege, Fisch, Elch, Huhn...41
Set 3: Büffel, Truthahn, Antilope, Giraffe 43
Set 4: Ente, Pfau, Esel, Schwein...45
Set 5: Löwe, Wurm, Kamel, Frosch 47
Set 6: Nilpferd, Schlange, Hund, Affe..49
Set 7: Kaninchen, Krabbe, Garnele, Elefant..51

Weitere Übungsbücher entdecken! 53

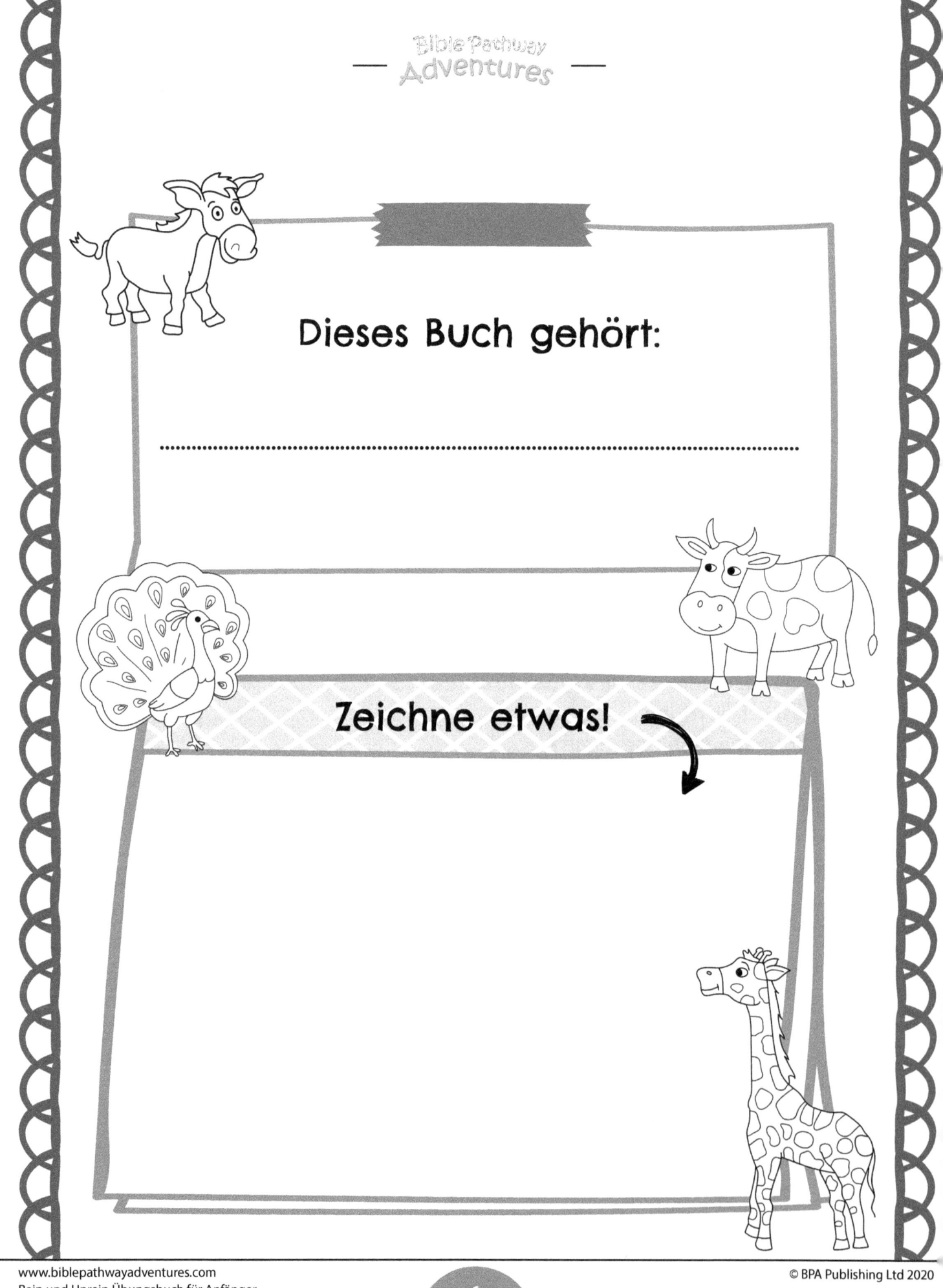

Mein Lieblingstier

Rein und unrein

Lies Levitikus 11 (3. Mose 11) und **Deuteronomium 14 (5. Mose 14)**.
Häufige reine und unreine Tiere, Vögel und Meerestiere sind unter anderem:

Rein:
Antilope
Büffel
Kuh und Schaf
Hirsch
Taube
Ente
Giraffe
Ziege
Elch
Pfau
Wachtel
Truthahn und Huhn
Reine Insekten umfassen Heuschreckenarten, zu denen Grillen und Grashüpfer gehören können
Fisch mit Schuppen

Unrein:

Bär
Kamel
Katze und Hund
Krokodil
Esel
Elefant
Frosch
Nilpferd
Pferd
Löwe
Affe
Maus
Schwein
Kaninchen
Schlange
Wolf
Schnecke
Zebra
Alle Insekten außer einige aus der Familie der Heuschrecken.
Krabben, Krebse und Hummer
Garnelen, Schrimps, Muscheln, Austern und Jakobsmuscheln
Haie und Delfine

Ich bin rein!

Ziehe die Wörter nach. Male die Bilder aus.

Ich bin eine Kuh

Kannst du mich essen?

✦ Ich bin rein! ✦

Ziehe die Wörter nach. Male die Bilder aus.

Ich bin ein Schaf

Kannst du mich essen?

Ich bin rein!

Ziehe die Wörter nach. Male die Bilder aus.

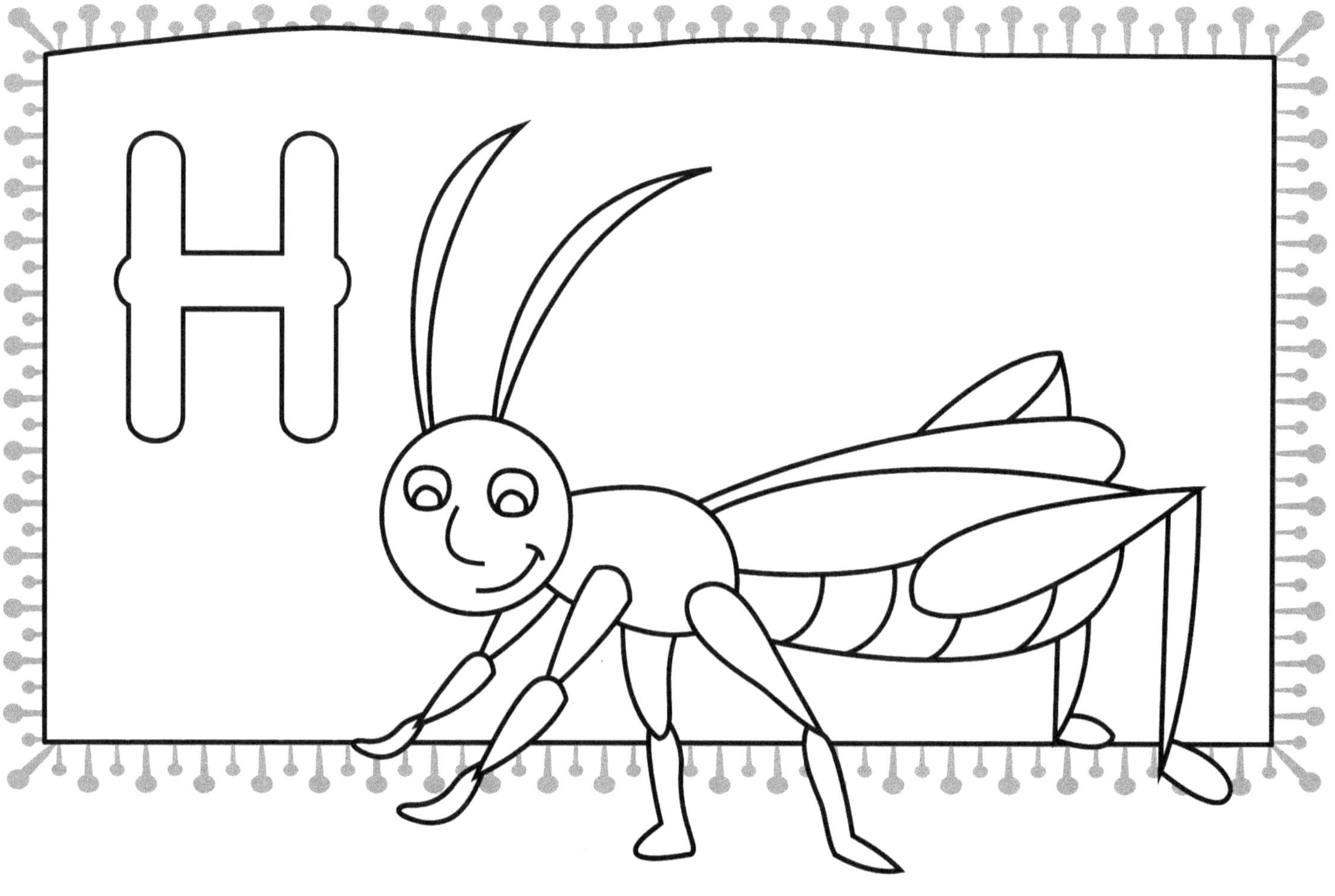

Ich bin eine Heuschrecke

Kannst du mich essen?

Ich bin rein!

Ziehe die Wörter nach. Male die Bilder aus.

Ich bin ein Hirsch

Kannst du mich essen?

Ich bin rein!

Ziehe die Wörter nach. Male die Bilder aus.

Ich bin eine Ziege

Kannst du mich essen?

Ich bin rein!

Ziehe die Wörter nach. Male die Bilder aus.

Ich bin ein Fisch mit Schuppen

Kannst du mich essen?

Ich bin rein!

Ziehe die Wörter nach. Male die Bilder aus.

Ich bin ein Elch

Kannst du mich essen?

Ich bin rein!

Ziehe die Wörter nach. Male die Bilder aus.

H

Ich bin ein Huhn

Kannst du mich essen?

Ich bin rein!

Ziehe die Wörter nach. Male die Bilder aus.

Ich bin ein Büffel

Kannst du mich essen?

⭐ Ich bin rein! ⭐

Ziehe die Wörter nach. Male die Bilder aus.

Ich bin ein Truthahn

Kannst du mich essen?

Ich bin rein!

Ziehe die Wörter nach. Male die Bilder aus.

Ich bin eine Antilope

Kannst du mich essen?

✦ Ich bin rein! ✦

Ziehe die Wörter nach. Male die Bilder aus.

G

Ich bin eine Giraffe

Kannst du mich essen?

Ich bin rein!

Ziehe die Wörter nach. Male die Bilder aus.

Ich bin eine Ente

Kannst du mich essen?

Ich bin rein!

Ziehe die Wörter nach. Male die Bilder aus.

Ich bin ein Pfau

Kannst du mich essen?

Ich bin unrein!

Ziehe die Wörter nach. Male die Bilder aus.

Ich bin ein Esel

Kannst du mich essen?

Ich bin unrein!

Ziehe die Wörter nach. Male die Bilder aus.

Ich bin ein Schwein

Kannst du mich essen?

Ich bin unrein!

Ziehe die Wörter nach. Male die Bilder aus.

Ich bin ein Löwe

Kannst du mich essen?

Ich bin unrein!

Ziehe die Wörter nach. Male die Bilder aus.

Ich bin ein Wurm

Kannst du mich essen?

✶ Ich bin unrein! ✶

Ziehe die Wörter nach. Male die Bilder aus.

K

Ich bin ein Kamel

Kannst du mich essen?

Ich bin unrein!

Ziehe die Wörter nach. Male die Bilder aus.

F

Ich bin ein Frosch

Kannst du mich essen?

Ich bin unrein!

Ziehe die Wörter nach. Male die Bilder aus.

Ich bin ein Nilpferd

Kannst du mich essen?

✦ Ich bin unrein! ✦

Ziehe die Wörter nach. Male die Bilder aus.

Ich bin eine Schlange

Kannst du mich essen?

✦ Ich bin unrein! ✦

Ziehe die Wörter nach. Male die Bilder aus.

Ich bin ein Hund

Kannst du mich essen?

Ich bin unrein!

Ziehe die Wörter nach. Male die Bilder aus.

Ich bin ein Affe

Kannst du mich essen?

Ich bin unrein!

Ziehe die Wörter nach. Male die Bilder aus.

Ich bin ein Kaninchen

Kannst du mich essen?

✦ Ich bin unrein! ✦

Ziehe die Wörter nach. Male die Bilder aus.

Ich bin eine Krabbe

Kannst du mich essen?

✶ Ich bin unrein! ✶

Ziehe die Wörter nach. Male die Bilder aus.

Ich bin eine Garnele

Kannst du mich essen?

Ich bin unrein!

Ziehe die Wörter nach. Male die Bilder aus.

Ich bin ein Elefant

Kannst du mich essen?

LERNKARTEN

🌿 Lernkarten 🌿

Schneiden Sie die Karteikarten aus und kleben Sie sie in Ihrem Haus oder Klassenzimmer auf!

Ziege

5

Fisch

6

Elch

7

Huhn

8

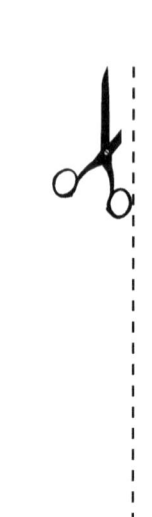

Ente

13

Pfau

14

Esel

15

Schwein

16

Nilpferd

21

Schlange

22

Hund

23

Affe

24

Kaninchen 25

Krabbe 26

Garnele 27

Elefant 28

Weitere Übungsbücher entdecken!

Zu erwerben unter shop.biblepathwayadventures.com

SOFORT DOWNLOADS!

Wöchentliches Thora Übungsbuch	Schemot / 2. Mose
Rein und Unrein	Wajikra / 3. Mose
Hebräisch lernen: Das Alphabet	Bemidbar / 4. Mose
Bereschit / 1. Mose	D'varim / Deuteronomy

www.ingramcontent.com/pod-product-compliance
Lightning Source LLC
LaVergne TN
LVHW060337080526
838202LV00053B/4493